4 Rom, Italien

5 Peking, China

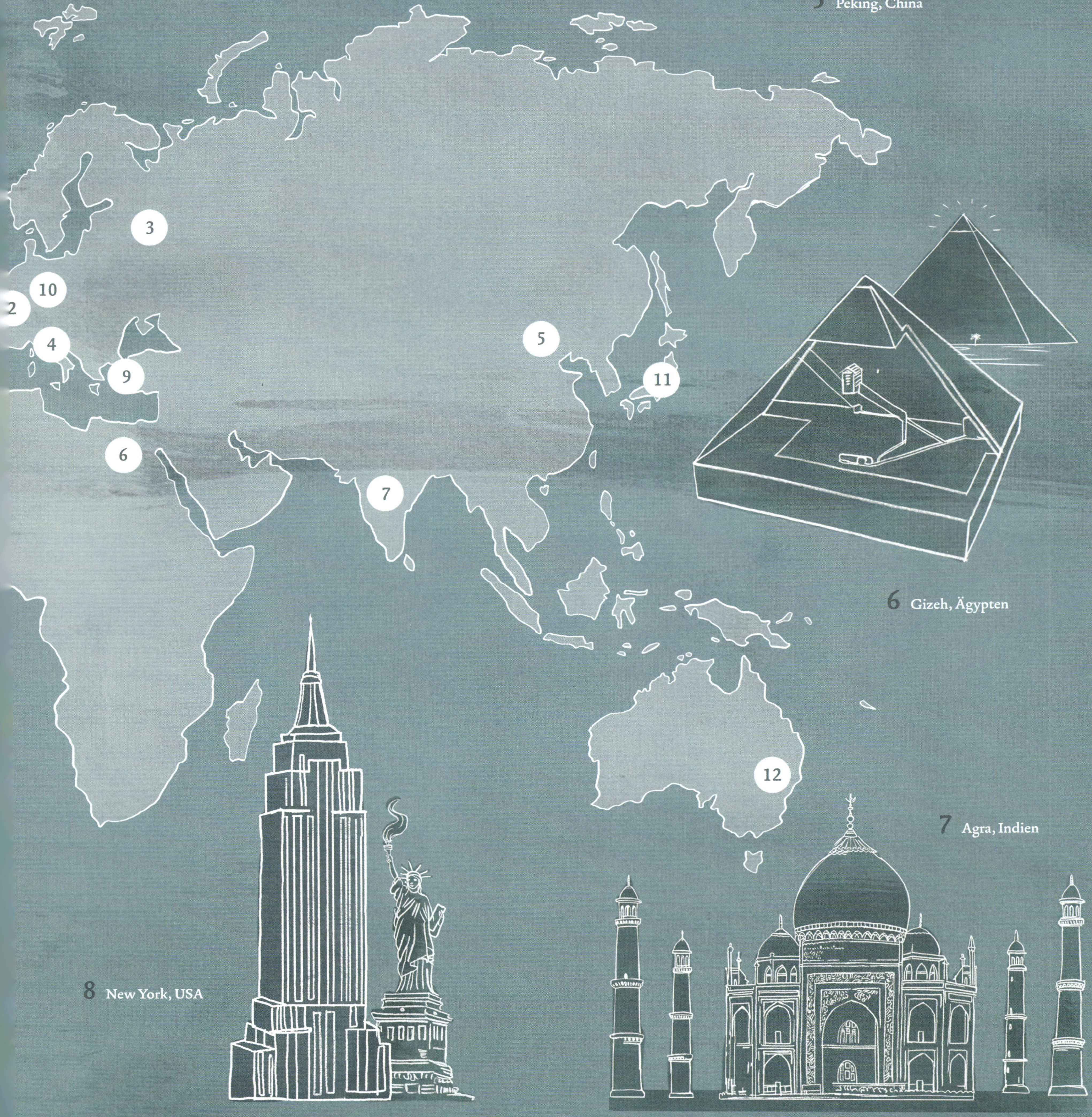

6 Gizeh, Ägypten

7 Agra, Indien

8 New York, USA

DAS GROSSE BUCH DER ARCHITEKTUR

So haben die Menschen früher gebaut!

Text von Susanne Rebscher
Illustrationen von Annabelle von Sperber

PRESTEL
München · London · New York

Wir laden dich ein ...

zu einer besonderen Zeitreise mit Ben und Mia! Reise einmal um die Welt und besuche – mal im Heute und mal in der Vergangenheit – die großartigsten Bauwerke, die Menschen je errichtet haben. Erfahre, wie sie gebaut wurden und was sie so einzigartig macht.
Die Gegenstände und Leute, die du auf den Leisten unter den Bildern siehst, sind besonders wichtig für das jeweilige Bauwerk. Entdeckst du sie in den Bildern wieder? Noch mehr spannende Informationen über die zwölf Gebäude auf eurer Reiseroute findest du ganz hinten im Buch.

Diese beiden neugierigen Affenkinder sind immer mit dabei: Sie haben sich als blinde Passagiere in die Zeitmaschine geschmuggelt. Bestimmt stellen sie nur Blödsinn an – behalte die beiden lieber gut im Auge!

Ist dein Koffer gepackt? Jetzt geht es nämlich los:

Viel Spaß bei deiner Reise in die Welt der Architektur

wünschen
Susanne Rebscher und Annabelle von Sperber

Die Burg der Könige

Ben und Mia sind ins Mittelalter gereist! Der Tower von London ist die größte Burg in England. Jeder neue König ritt früher von hier aus zu seiner Krönungsfeier in die Klosterkirche Westminster Abbey. 1485 war Heinrich VII. dran und wurde der erste König der Tudor-Dynastie. Im Bild siehst du ihn mit seiner Frau Elisabeth.

William the Conqueror wurde 1066 König von England und ließ an der Themse eine Festung errichten, den Tower.

Die Könige hielten im Tower wilde Tiere. Ein Löwe ist aus seinem Käfig entwischt!

Im Tower wurde das Geld geprägt. Dieser Mann hält eine neue Münze hoch.

Wie viele Raben zählst du hier?

Turm aus Eisen

Willkommen in Paris! Der Eiffelturm wurde von Gustave Eiffel zur Weltausstellung 1889 errichtet. Eigentlich war er nur ein Experiment und sollte nach der Ausstellung gleich wieder abgebaut werden. Doch dann wurde er zum Wahrzeichen der Stadt und blieb stehen. Als Ben und Mia 1900 zur Weltausstellung nach Paris reisen, ist er immer noch die Hauptattraktion.

Der Ingenieur Gustave Eiffel probierte, ob man mit Eisen bauen könnte, und läutete mit seinem hohen Eisenturm eine neue Zeit in der Architektur ein.

Diese Riesenscheinwerfer wurden extra für die Beleuchtung des Eiffelturms erfunden und gebaut.

Im Laufe der Zeit wurde der Turm ganz oft umgestrichen! Am Anfang war er rot.

Dieses Riesenrad ist 100 Meter hoch und wurde für die Weltausstellung 1900 gebaut.

Paläste unter der Erde

Ben und Mia besuchen eine Ausstellung in der Moskauer U-Bahn. Diese Metro ist eine der ältesten der Welt. Sie wurde 1935 eröffnet. Die alten Metro-Stationen sind so prächtig gestaltet, als wären es Räume in einem Palast. Doch stell dir vor: Am Anfang buddelten sich die Arbeiter mühsam nur mit Hacken, Schaufeln und Handbohrern durch die Erde!

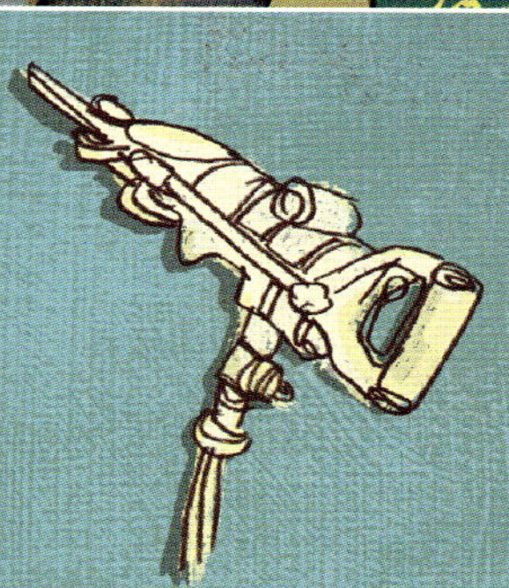

Die ersten Werkzeuge für den Tunnelbau waren Handbohrer, Schaufeln und Spitzhacken.

Die vielen Kuppeln über der Erde gehören zu mehreren Kirchen, die aussehen wie eine! Wie viele Kirchtürme zählst du?

Alexei N. Duschkin ist der Architekt mehrerer Metro-Stationen. Auch diese hier hat er entworfen.

Das oberste Gebot in der Moskauer Metro ist Sauberkeit! Entdeckst du die Putzfrau?

Ganz großes Theater

Auf Befehl des Kaisers Vespasian sollte die neue Arena die größte in Rom werden. Tatsächlich wurde das Kolosseum das größte Amphitheater der Welt und eines der sieben Weltwunder. Mit Hebebühnen und Flaschenzügen konnten in kurzer Zeit Bühnenbilder verändert oder wilde Tiere herbeigeholt werden. Besuche mit Ben und Mia die Einweihungsfeier im Jahr 80 n. Chr.

Unter Kaiser Titus wurde der Bau vollendet. Er ließ 100 Tage lang die Eröffnung des Kolosseums feiern.

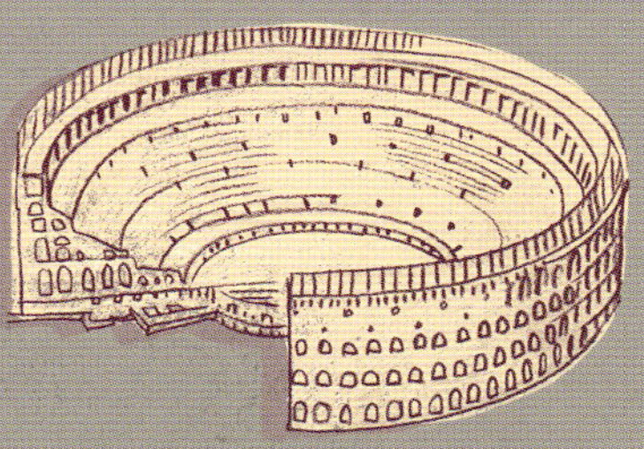

Das Theater hatte vier Stockwerke und einen Keller. Der Kaiser saß auf der Ehrentribüne.

Bei den Gladiatorenkämpfen war immer ein Schiedsrichter dabei.

Wie heute liefen Verkäufer durch die Zuschauerränge und boten Leckereien an.

Die Verbotene Stadt

In Peking lebte der Kaiser von China früher abgeschottet von der Welt in einer »Stadt in der Stadt«, um die sich bis heute viele Geschichten ranken. Auch Drachen kommen darin vor! Für Fremde galt am Eingangstor der Stadt des Kaisers leider: »Zutritt verboten!« Aber heute ist sie ein Museum und du kannst sie mit Ben und Mia besuchen.

Kaiser Yongle gründete vor ungefähr 600 Jahren die Hauptstadt Peking und begann mit dem Bau der kaiserlichen Palaststadt in ihrem Zentrum.

Der Drache ist das Glückstier des Kaisers. Etliche Drachen tummeln sich hier in der Stadt!

Wasserwesen auf den Dächern sollen den Palast gegen Feuer schützen.

Nomadenvölker und angebliche »Dämonen« bedrohten immer wieder das Reich des Kaisers.

Die Pyramiden

Der magische Heißluftballon ist tief in die Vergangenheit geflogen! Man könnte meinen, alle Männer aus dem altägyptischen Reich haben sich hier versammelt, um an den Pyramiden von Gizeh mitzubauen – so viele Arbeiter wuseln auf der Baustelle herum. Aber es ist ja auch eine große Ehre, für den Pharao so ein prachtvolles Bauwerk zu errichten!

Der Architekt Hemiun erbaute für Pharao Chephren dieses eindrucksvolle Grabmal: eine der Pyramiden von Gizeh.

Eigentlich kann man sich in einer Pyramide nicht verlaufen, aber spannende Geschichten berichten von geheimen Grabkammern.

Da staunst du bestimmt: Mit einem Schlitten zogen die Arbeiter die schweren Steine zu ihrem angedachten Platz!

Der Schreiber hatte eine wichtige Stellung im altägyptischen Reich: Er notierte alles, was passierte. Wie viele Schreiber arbeiten hier?

Für immer und ewig

Indien im Jahr 1648: Der Herrscher trauert und mit ihm das ganze Land. Seine geliebte Ehefrau ist verstorben. Um ihr ein Denkmal zu setzen, hat er ihr einen prächtigen Palast für die Ewigkeit errichten lassen: den Taj Mahal.

Der Perser Ustad Isa Shirazi war angeblich der leitende Architekt auf der Baustelle des Taj Mahal.

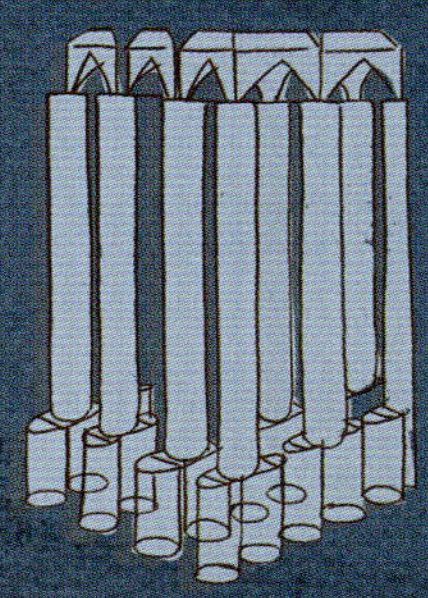

Ein klug ausgedachter Unterbau schützt das schwere Gebäude bei Erdbeben vor einem Zusammenbruch.

Die schöne Mumtaz Mahal war die erste Ehefrau und große Liebe des Großmoguls Shah Jahan.

Ihr Sarg wird feierlich in das fertige Grabmal getragen.

Hoch bis zu den Wolken

Das Empire State Building war über 20 Jahre das höchste Gebäude der Welt und wurde 1930/31 in nur elf Monaten erbaut! Ben und Mia besichtigen die Baustelle. Die Arbeiter sind hauptsächlich Mohawk-Indianer, die sind nämlich absolut schwindelfrei. Oder würdest du dich das trauen, was die hier machen?

Das Architekturbüro Shreve, Lamb & Harmon erhielt den Auftrag für den Bau des Wolkenkratzers. William F. Lamb machte sich sofort an die Planung.

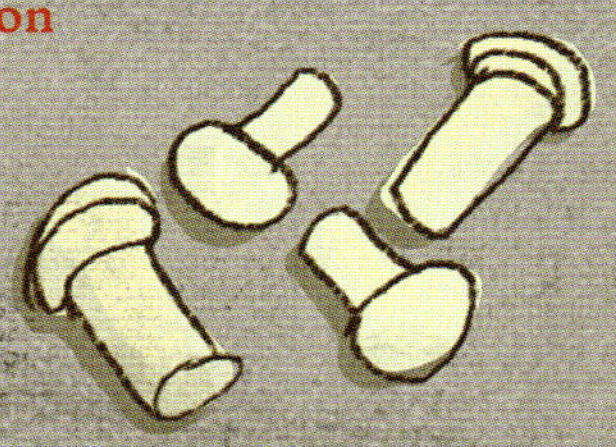

Die Nietenerhitzer warfen die Nieten weit über die Baustelle bis zum Fänger.

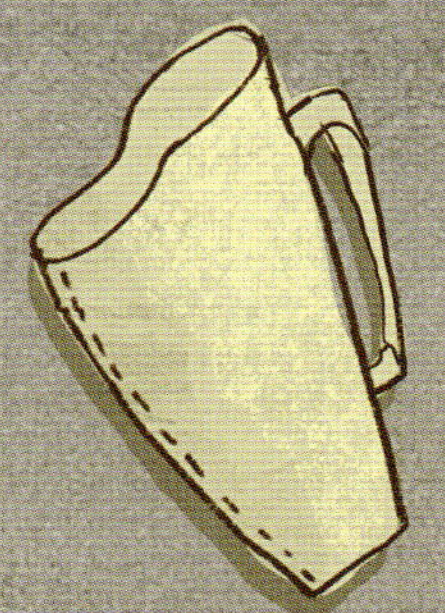

Die heißen Nieten wurden in so einem Behälter gefangen und weitergegeben.

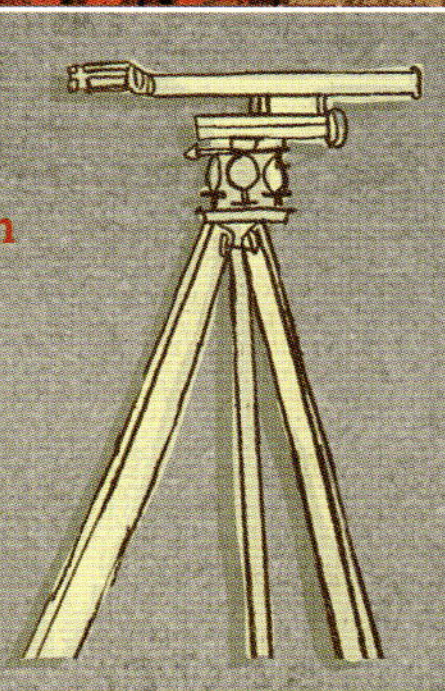

Immer wieder wurde auf den Millimeter genau nachgemessen, damit bei so einem hohen Gebäude nichts schief ging.

Heilige Weisheit

Die Hagia Sophia (Heilige Weisheit) steht in einer Stadt, die einst Konstantinopel hieß und heute den Namen Istanbul trägt. Etwas mehr als 900 Jahre beteten Christen unter der riesigen Kuppel, weitere fast 500 Jahre muslimische Gläubige. Heute ist das heilige Gebäude ein Museum. Ben und Mia erkunden es mit dem fliegenden Teppich.

Der byzantinische Kaiser Justinian I. ließ im Jahr 532 eine Kirche bauen, die prächtiger sein sollte als der heilige Tempel in Jerusalem.

Der Architekt Anthemios von Tralleis plante den Bau zusammen mit dem Mathematiker Isidor von Milet.

In der neuen Kirche sollte der Mittelpunkt des Oströmischen Reiches liegen.

Im Hauptraum hängen heute Schilder, die an die Heiligen des Islam erinnern. Auf diesem steht der Name »Mohammed«.

Wie im Märchen

König Ludwig II. von Bayern lebte in einer Welt von Sagen und Märchen. Sein Schloss Neuschwanstein wurde ein Märchenschloss, aber der König verbrachte dort insgesamt nur ein knappes halbes Jahr. Heute besuchen Tausende von Menschen aus aller Welt jedes Jahr das berühmte Schloss. Ben und Mia sind in einer goldenen Kutsche angereist.

Der Theatermaler Christian Jank verwirklichte mit seinen Entwürfen den Traum des bayrischen Königs.

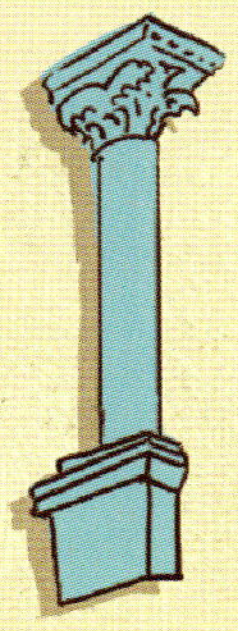

Das meiste im Schloss war nicht echt, auch die Säulen nicht. Eine richtige Scheinwelt also.

König Ludwig verkleidete sich gerne als Held aus einer Sage, zum Beispiel als Ritter Lohengrin.

Ludwig II. war eng befreundet mit Sisi, der späteren Kaiserin Elisabeth von Österreich.

Buddhas Tempel

Die Halle des Tempels Tōdai-ji, den Ben und Mia in Japan besuchen, war einst Teil des kaiserlichen Palastes und gilt heute als weltweit größter Holzbau. In ihr kannst du eine der größten Bronzestatuen der Welt bestaunen: einen 15 Meter hohen Buddha. Ben und Mia haben sich heute unter die Touristen gemischt.

Kaiser Shōmu ließ den ursprünglichen großen Tempel in Nara erbauen, der später zweimal abbrannte und wieder aufgebaut wurde.

Die Shika-Hirsche sollen Götterboten sein. Wie viele von ihnen begrüßen die Besucher?

Der Heilige Pindola war ein Schüler Buddhas und lebte lange Zeit im Wald.

Diese Katze ist ein berühmter japanischer Glücksbringer. Mit der linken Pfote winkt sie die Besucher herbei.

Musik am Meer

Die einen erinnert es an Segel, die anderen an Muscheln. Die Bewohner von Sydney nennen ihr weltberühmtes Opernhaus liebevoll »Auster«. Wie der Eiffelturm in Paris ist es heute ein Wahrzeichen – diesmal für einen ganzen Kontinent!

Jørn Oberg Utzon hat das Gebäude, das er entwarf, nie fertig gesehen.

In Sydney leben die weltweit einzigen Großstadt-pinguine!

Kein Plan, sondern nur eine Skizze erzählt von der ersten Idee für die neue Oper.

In der Oper von Sydney finden nicht nur klassische Konzerte statt.

Die Burg der Könige -
der Tower von London, England

In England startet deine Reise. Mit der Eroberung durch Herzog Wilhelm von der Normandie (bekannt als William the Conqueror), begann die große Zeit des Landes. Er wurde 1066 König und ließ nahe der damals kleinen Stadt London eine große Burg bauen, die den Namen »Tower of London« erhielt. Das Gebäude »White Tower«, das du auf dem Bild siehst, ist übrigens der größte von den Normannen errichtete Wohnturm (engl. Keep) in Europa. Seine Wände sind 3,6 Meter dick! Der Tower ist vor allem so einzigartig als Festung, weil er viele Aufgaben zu erfüllen hatte und unglaublich spannende Geschichten erzählen kann.

Viele hundert Jahre lang war es Tradition, dass der künftige Herrscher Englands die Nacht vor seiner Krönung im Tower verbrachte. Das taten auch Heinrich VII. und seine Frau Elisabeth of York. Mit ihrer Heirat endete der 30-jährige »Rosenkrieg«, in dem die Familien Lancaster (Wappenblume rote Rose) und York (Wappenblume weiße Rose) um den Thron kämpften.

Drei Ringmauern und ein Wassergraben schützten den Tower vor Feinden. Eine so gut befestigte Wehranlage nennt man auch Festung. Von außen nach innen werden die Mauern immer höher. Die inneren beiden sind mit Türmen verstärkt. Auf diesen Mauern befindet sich ein Wehrgang, auf dem die Wachen laufen und die Soldaten von oben auf die Feinde schießen. Nutzgebäude schmiegen sich an die Burgmauer und der Wohnturm steht in der Mitte des großen Burghofs. Er bietet die letzte Schutzmöglichkeit, falls Feinde die Festung stürmen. Von den beiden Eingangstoren ist das »Traitors' Gate« (Verräter-Tor) gefürchtet: Von hier aus ging es direkt ins Verlies.

Dieser englische Soldat heißt »Yeoman of the Guard«. König Heinrich VII. hatte diese Wachsoldaten als Leibwache eingestellt. Die »Yeomen of the Guard« halten bis heute in der gleichen Uniform Wache im Tower. Jeden Abend schließen sie in gewohnter Weise feierlich die Tore zu, obwohl schon längst keine Königsfamilie mehr in der Festung wohnt.

In früheren Zeiten machten sich Herrscher gerne seltene Tiere zum Geschenk. Der Tower verwandelte sich mit Elefanten, Zebras, Löwen, Schlangen, Stachelschweinen, Affen, Leoparden und Bären in einen regelrechten Zoo. Die Löwenbabys durften im Tower sogar frei herumlaufen.

Seit wann die Raben im Tower leben, weiß keiner so genau. Aber ihre wichtige Bedeutung kennt jeder Mensch in England: Wenn die Raben den Tower verlassen, geht angeblich das englische Königreich unter. Also muss immer dafür gesorgt werden, dass es den Tower-Raben in ihrem Zuhause gefällt!

Im Tower befand sich die Schatzkammer des Königs. Noch heute kannst du dir dort die Kronjuwelen der englischen Könige anschauen, zum Beispiel die Edwards-Krone aus dem Jahr 1661. Sie ist die älteste noch erhaltene Krone Englands. Und noch etwas Kostbares musste in der Festung gut bewacht werden: die »Münze«. Das ist das Gebäude, in dem die englischen Münzen geprägt wurden.

Lösung: Im Bild sieht man 15 Raben.

Turm aus Eisen - der Eiffelturm in Paris, Frankreich

Ben und Mia sitzen im Riesenrad und staunen: Für die Pariser Weltausstellung 1889, bei der viele Länder ihr neuesten Erfindungen vorstellen wollten, hat der französische Ingenieur Gustave Eiffel einen Turm ganz aus Eisen gebaut. Vor allem den Menschen, die um den Turm herum wohnten, war das Ganze damals gar nicht geheuer: Würde der nächste kräftige Sturm diesen eisernen Riesen nicht sofort umwehen und auf ihre Häuser stürzen lassen? Die Anwohner verklagten sicherheitshalber Herrn Eiffel vorab für mögliche Schäden. Aber Gustave Eiffels Berechnungen, dass sein Bauwerk Orkane aushalten sollte, passten. Bis heute!

Schon die Römer hatten Eisen verwendet und mit Blei wetterfest gemacht. Im 19. Jahrhundert bauten die Menschen Häuser, Brücken und Türme aus Eisen. Ein noch besseres Wissen um die Verarbeitung und neu erfundene Maschinen halfen dabei. Im Eiffelturm wurden 2 500 000 Nieten und 18 038 Metallteile verarbeitet. Der Turm ist 10 100 Tonnen schwer und sein Bau dauerte nur von Januar 1887 bis März 1889. Als er fertig war, war der Eiffelturm mit seinen 324 Metern das höchste Gebäude der Welt. Den Rekord hielt er 41 Jahre lang.

Sein »Erfinder und Erbauer« gab ihm seinen Namen: Gustave Eiffel (1832–1923). Doch du kannst dir denken, dass viel mehr Menschen am Bau beteiligt waren: Zeichner, Ingenieure, Techniker. Außer Gustave Eiffel hatten auch die Ingenieure Maurice Koechlin, Adolphe Salles und Emilie Nouguier sowie der Architekt Stephan Sauvestre auf der Baustelle etwas zu sagen. Da aber das ganze Planen und Zusammenbauen von Einzelteilen in den Werkstätten Eiffel stattfand, blieb dieser Name in den Köpfen der Menschen hängen.

In vier Fundamenten wurden die »Eisenfüße« des Turms verankert. Mit Bauwinden setzten die Arbeiter die unteren Eisenskelett-Teile zusammen. Dann halfen ihnen dampfbetriebene Hebezüge auf den Plattformen sowie Kräne, die in die vier Eckpfeiler gesetzt wurden, um die weiteren Turmteile hochzuziehen. Die Himmelsrichtungen gaben den Pfeilern ihre Namen: Nord, Ost, Süd und West. Alle sieben Jahre wird der Eiffelturm neu gestrichen. Dafür brauchen die Arbeiter 16 Monate und etwa 60 Tonnen Farbe. An der Farbtafel kannst du sehen, wie viele Farben es schon gab, denn es wurde immer mal wieder gewechselt. Am Anfang war es Rot. Die aktuelle Farbe ist Bronze.

Kioske, Erfrischungsstände und Restaurants waren von vornherein im Turm vorgesehen. Drei Fahrstühle bringen die Besucher zur ersten Plattform, ein einzelner Fahrstuhl fährt von der zweiten Plattform in die Spitze. Wenn du den Eiffelturm über die Treppen erklimmen möchtest, musst du 1 165 Stufen hochsteigen!

Auf der dritten Etage kannst du auf einer Freiluftplattform etwa 80 km weit über das Land schauen und anschließend das nachgebaute Arbeitszimmer von Gustave Eiffel mit Wachsfiguren bestaunen. In der Spitze des Eiffelturms befinden sich Leuchtfeuer und Antennen für Radio und Fernsehen. Von hier aus wurde 1921 die erste öffentliche Radiosendung in Europa ausgestrahlt und 14 Jahre später das erste französische Fernsehprogramm.

Paläste unter der Erde – die Metro von Moskau, Russland

Immer wieder wurden Pläne gemacht und wieder verworfen. Vor allem die archäologische Gesellschaft und die orthodoxe Kirche waren gegen den Bau einer Untergrundbahn. Doch die Bevölkerung Moskaus wuchs immer weiter und Millionen Menschen nutzten täglich das völlig überlastete Straßenbahnnetz. 1931 beschloss die Regierung, dass endlich eine Metro gebaut werden musste. 76 000 Arbeiter kamen dabei zum Einsatz, unter die sich Mitglieder des Kommunistischen Jugendbundes Komsomol aus dem ganzen Land mischten. Es sollte die »schönste und sicherste U-Bahn der ganzen Welt« werden. Am 15. Mai 1935 um 7 Uhr morgens fuhr die erste Metro-Bahn.

Zuerst gruben sich die Arbeiter mühsam mit Handbohrern, Hacken und Schaufeln in das Dunkel der Erde hinein. Heute kann man sich das kaum noch vorstellen, denn wir kennen nur Tunnelbohrmaschinen wie diese hier. Die Monsterbohrer wühlen sich mit Leichtigkeit ins Erdreich oder durch einen Berg. In Moskau kam so eine Maschine erst kurz vor Fertigstellung des ersten Streckenabschnitts zum Einsatz. Heute zieht sich die Moskauer Metro über fast 350 Kilometer mit fast 200 Bahnhöfen, von denen einige zu den am tiefsten gelegenen auf der ganzen Welt gehören. Das liegt unter anderem daran, dass diese Stationen als Luftschutzbunker im Krieg gedacht waren. Von der Station Park Pobedy beispielsweise, die 84 Meter unter der Erde liegt, fährst du mit einer der weltweit längsten Rolltreppen (126 m) hoch zum Ausgang.

An der Planung der Moskauer U-Bahn waren natürlich mehrere Leute beteiligt. Die Leitung hatte der Volkskommissar für Verkehr, Lazar Moisejewitsch Kaganowitsch. Bis 1955 war die Metro nach ihm benannt. Verschiedene Architekten gestalteten die U-Bahnhöfe. Alexei Nikolajewitsch Duschkin (1903–1977), Ben hält sein Bild in der Hand, wurde mit den Stationen Kropotkinskaja, Ploschtschad Rewoljuzij, Majakowskaja, Awtosawodskaja und Nowoslobodskaja beauftragt.

Ben und Mia staunen: Die Moskauer Metro ist weltberühmt für ihre wunderschönen Stationen. Diese wurden nicht einfach nur gebaut, damit Menschen aus- und umsteigen konnten, sondern sie erhielten ein »Motto«: So soll die Station Ploschtschad Rewoljuzii mit ihren 80 Bronzefiguren an den Großen Vaterländischen Krieg erinnern und die Station Teatralnaja (früher Ploschtschad Swerlowa) mit ihren Reliefs und Kristalllampen an die berühmten russischen Theater. Die pompöseste Station ist die Komsomolskaja als Ruhmeshalle der sowjetischen Armee. In ihr hängen Kronleuchter wie in einem Palast!

Die Station Majakowskaja steht mittlerweile unter Denkmalschutz und wird allgemein als schönste Station der Moskauer Metro angesehen. Ihr Modell wurde 1938 auf einer New Yorker Ausstellung gezeigt und mit dem Hauptpreis ausgezeichnet. In den 36 Kuppeln der Station kannst du Mosaikbilder bewundern, die von der Eroberung des Luftraums durch den Menschen erzählen.

Lösung: Es sind neun Kirchtürme zu sehen!

Die Basilius-Kathedrale ist ein weiteres berühmtes Wahrzeichen Moskaus. Im Jahr 1552 gab Zar Iwan der Schreckliche den Auftrag für den Bau der Kirche, um damit seinen endgültigen Sieg über die Tataren zu feiern. Anfänglich war ihr Mauerwerk weiß und die Zwiebeltürme golden, doch ab dem 17. Jahrhundert wurden die Außenwände der Kirche rot getüncht und ihre Dächer kunterbunt verziert. Im Übrigen handelt es sich hier nicht um eine einzige Kirche, sondern um neun Stück! An die acht Ecken der mittleren Mariä-Schutz-und-Fürbitte-Kathedrale schmiegt sich jeweils eine weitere, kleinere Kirche an. Neben der Kathedrale befindet sich das Machtzentrum Russlands, der Kreml.

Ganz großes Theater – das Kolosseum in Rom, Italien

Im Jahr 80 n. Chr. war die große Baustelle in der Hauptstadt des Römischen Reiches endlich abgeschlossen. Kaiser Titus befahl, dass 100 Tage lang gefeiert werden sollte. Gladiatoren, wilde Raubtiere und köstliches Essen sollten ihn und das Volk im Kolosseum unterhalten. Seinen Namen erhielt das Gebäude von der riesigen Kaiser-Nero-Statue (Koloss des Nero), die daneben stand. Das Amphitheater, wie solche ovalen, offenen Arenen genannt werden, war damals das größte im Römischen Reich und ist heute noch das größte weltweit.

Kaiser Titus vollendete das Werk seines Vaters Kaiser Vespasian, der ein Jahr vor Bauende verstarb. Kaiser Vespasian war ein sehr sparsamer Herrscher gewesen, doch große Bauvorhaben, die der Welt vom Ruhm und der Macht des Römischen Reiches und seines Herrschers kündeten, mussten sein. Beide Kaiser gehörten zur römischen Adelsfamilie der Flavier, deshalb hieß das große Theater erst »Amphitheatrum Flavium«.

Das Theater wurde 156 Meter breit, 188 Meter lang und 48 Meter hoch. Kaiser Vespasian plante drei Stockwerke, die mit Halbbögen und Säulen verziert waren. Sein Sohn Titus setzte noch ein viertes Stockwerk mit viereckigen Fensteröffnungen drauf. Die Außenmauern bestanden aus hellem Kalkstein, innen wurden billigere Ziegel und Tuffsteine verarbeitet. Über 40 000 Sklaven arbeiteten auf der Baustelle. 80 Eingänge sollten die Besucher, Kämpfer und wilden Tiere hinein- und hinauslassen. Die sehr vornehmen Familien und der Kaiser schauten von einer gesicherten Ehrentribüne zu. 50 000 Zuschauer passten in das Theater! Seit 2007 steht das Kolosseum auf der Liste der sieben Weltwunder der Neuzeit.

Die Sonne scheint oft und sehr heiß über Rom, deshalb ließen sich die Bauherren ein Dach einfallen: riesige Segel, die von einer eigens dafür zusammengestellten Matrosenmannschaft auf- und zugezogen wurden! Direkt unter den Segeln befanden sich die Stehplätze. Für die Armen der Stadt Rom war übrigens der Eintritt frei.

Damit die Spiele gut verliefen, entzündeten die Priesterinnen der Göttin Vesta Opferfeuer. Die Göttin Vesta war die Göttin von Haus und Herd und daher sehr wichtig für die Menschen in Rom und den Kaiser. Zu Priesterinnen wurden Mädchen im Alter von sechs bis zehn Jahren auserwählt, die dann 30 Jahre lang im Vesta-Tempel lebten. Anschließend konnten sie ins normale Leben zurückkehren.

450 Jahre lang fanden Veranstaltungen im Kolosseum statt, teilweise sehr grausame. Unendlich viele Tiere aus fernen Ländern wurden dafür nach Rom geholt, unter anderem Tiger, Giraffen, Elefanten, Löwen, Bären, Panther und Leoparden. Mit Flaschenzügen stellte man Bühnenbilder, die die Wüste oder den Regenwald darstellten, auf. Anfangs wurde die Arena des Kolosseums sogar für die Aufführung von Seeschlachten unter Wasser gesetzt! Später erhielt das Theater Keller und einen Boden mit Holzplanken, sodass das Fluten vermutlich nicht mehr klappte.

Die Verbotene Stadt - die Kaiserstadt in Peking, China

Das Herz der Verbotenen Stadt ist der Saal der höchsten Harmonie, in dem der Thron des Kaisers steht. Die Chinesen sahen ihren Herrscher als eine Art Gott an und die Verbotene Stadt als Zentrum des Universums. In der Verbotenen Stadt entschied der Kaiser, was passierte und wer sie betreten durfte. Er lebte mit seiner Familie völlig abgeschottet von der Außenwelt. Trotzdem regierte er ein riesiges Land. Nicht nur du fragst dich an dieser Stelle, wie das geht, ohne die »echte« Welt zu kennen.

Kaiser Yongle (1360–1424) wählte die Stadt Shuntian im Norden des Reiches als neuen Regierungssitz. Er änderte ihren Namen in »Beijing« (Peking) und ließ dort die prächtige Kaiserstadt anlegen. Die Bauarbeiten begannen im Jahr 1406. Zeitweise waren über eine Million Arbeiter daran beteiligt! Im Jahr 1421 wurde Peking offiziell zur neuen Hauptstadt ernannt und ist es heute noch. 24 Kaiser herrschten von dort aus über das riesige chinesische Reich.

Peking ist als eine »Schachtelstadt« angelegt: Verbotene Stadt (Wohnort des Kaisers) – Wassergraben und Mauer – Kaiserstadt (Wohnort der Beamten und Dienerschaft) – Mauer – Innenstadt (Wohnort der Mandschus im Norden, Wohnort der Chinesen im Süden) – Mauer – Äußere Stadt. Die Wasserversorgung erfolgt über Kanäle. Einer von ihnen heißt »Goldwasserfluss«. Da alle Häuser aus Holz erbaut sind, stehen überall mit Wasser gefüllte Bronzekessel zum Löschen herum.

Diese Zeichen heißen in unsere Sprache übersetzt »Verbotene Stadt«. An mehreren Stellen in der Verbotenen Stadt findest du Zeichen an Toren oder in Räumen. Sie sollen zum Nachdenken anregen. Über dem Thron steht zum Beispiel »gerecht und ehrenvoll«. Um die 8 700 Räume soll es im Palast gegeben haben, was weltweit einzigartig ist.

Löwen bewachen viele Gebäude in China: Tempel, Steinbrücken, Häuser, Gräber und natürlich die Verbotene Stadt. Die Tiere stehen für Macht und Kraft. Der männliche Löwe mit dem perlenähnlichen Ball hält schützend die Pfote über die Einheit des Reiches.

In China sind Farben mit sehr vielen verschiedenen Bedeutungen verbunden: Rot zum Beispiel ist die Glücksfarbe der Chinesen und steht für Wärme, Ruhm und Kraft. Die Farbe Blau steht für Treue, Grün für Hoffnung, Gelb für Weisheit und Gold für Macht. In der Verbotenen Stadt sind alle Türen rot und die Dachziegel goldgelb.

Immer wieder fielen Reitervölker von Norden her in das Kaiserreich ein. Aus diesem Grund begannen chinesische Herrscher im 7. Jahrhundert vor Christus, eine Mauer als gut zu bewachende Grenze zu bauen. Erst bestand sie aus einem Lehmwall, doch nach und nach wurde sie besser befestigt und erneuert. Schließlich zog sich eine Steinmauer mit Wachtürmen wie eine riesige Schlange durch das Land – einschließlich natürlicher Grenzen wie Flüssen und Bergen ist sie etwa 8 850 Kilometer lang. Die Chinesische Mauer ist damit das größte Bauwerk der Welt.

Die Pyramiden - Gräber der Pharaonen in Gizeh, Ägypten

Vor etwa 4 550 Jahren ließ Pharao Chephren sich ein Grabmal errichten – genau neben dem seines Vaters Pharao Cheops. Vielleicht wollte er, dass von der Berühmtheit der Cheops-Pyramide etwas auf die seine abfärbte? Die Cheops-Pyramide gehört nämlich zu den sieben antiken Weltwundern. Wie haben die Menschen es damals bloß geschafft, ohne Maschinen solch riesige Baumwerke zu errichten? Ben und Mia fliegen in einem Heißluftballon nach Ägypten, um es herauszufinden.

Prinz Hemiun war Wesir und fast so mächtig wie der Pharao (hier im Bild). Da Hemiun den Beinamen »Vorsteher der königlichen Bauarbeiten trug«, war er sicherlich für den Bau der Chephren-Pyramide verantwortlich. Sein Grab fand man in der Nähe der Pyramide. Vermutlich war er ein Neffe oder ein Cousin des Pharao, genau ist das nicht zu sagen.

Das ist der Plan der Cheops-Pyramide. Links unten befindet sich der Eingang. Von dort führt ein Weg steil nach unten in eine Felsenkammer, deren Bedeutung allerdings unbekannt ist. Vielleicht sollte sie einmal eine Grabkammer werden, doch dann wurde der Plan geändert. Zu den Grabkammern der Königin (kleinere Kammer) und des Königs (größere Kammer) kommst du, wenn du aufsteigst. Kurz vor den Grabkammern verlaufen Luftschächte hoch zum Rand der Pyramide. Die Pyramiden von Gizeh waren früher weiß verputzt und mit einer goldenen Spitze versehen. So leuchteten sie in der Sonne weit übers Land.

Abertausende Männer arbeiteten auf den Baustellen. Mit Schlitten bewegten sie die schweren Steinblöcke fort. Öl verdünnt mit Wasser wurde auf den Boden geschüttet, damit die Kufen leichter die Rampe hochrutschten. Millionen von Steinen fanden so ihren Platz in dem eindrucksvollen Bauwerk.

Der Sphinx liegt wie ein riesiges Raubtier vor den Pyramiden von Gizeh. Der geheimnisvolle Wächter ist ein Löwe mit einem Menschenkopf, der das Pharaonenkopftuch trägt. Ob er die Züge von Pharao Cheops oder Pharao Chephren trägt, kann kein Wissenschaftler sicher sagen. Der Sphinx steht für Macht und Stärke, doch vor Grabräubern konnte er die Pyramiden leider nicht beschützen.

Die Arbeiter waren keine Sklaven, die zum Bau gezwungen wurden, sondern Bauern und Handwerker. Sie kamen freiwillig, denn es war eine Ehre, für den Pharao zu arbeiten. Ein kleines Dorf wurde neben den Pyramiden ausgegraben, in dem die Bauerarbeiter lebten und verpflegt wurden. Auch für den Pharao und seine Familie gab es Gebäude, falls sie zu Besuch kamen, um den Fortschritt des Baus zu überprüfen.

Lösung: 3 Schreiber halten alles, was passiert, auf Papyrusrollen fest.

Für immer und ewig – der Taj Mahal in Agra, Indien

Der Großmogul von Indien und seine Ehefrau waren unzertrennlich. Nicht einmal im Krieg wollte der Herrscher von Indien auf Mumtaz Mahals Anwesenheit und ihren Rat verzichten. Als seine große Liebe bei der Geburt ihres 14. Kindes starb, war Shah Jahan untröstlich. Er ließ ihr ein Grabmal bauen, wie es die Welt noch nie gesehen hatte. Der Taj Mahal (Kronen-Palast) wurde zum Wahrzeichen Indiens und der »Liebe für immer und ewig«.

Das muslimische Mogulreich wurde von einem asiatischen Fürsten begründet, der ganz Indien und Teile des heutigen Afghanistan eroberte. Shah Jahan war der fünfte Großmogul (auch Mogulkaiser genannt) und legte in der Zeit seiner Herrschaft (1627–1658) einen großen Wert auf Kultur. Für die Errichtung des Taj Mahal in der Stadt Agra ließ er aus dem ganzen Reich Architekten, Künstler und 20 000 Arbeiter kommen, die 15 Jahre an dem Bauwerk arbeiteten. Im Jahr 1648 war das neue Weltwunder fertig.

Der Boden nahe des Flusses war eigentlich schlecht geeignet für so ein großes Bauvorhaben. Um das Gebäude vor dem Absacken des Erdbodens oder eine Erschütterung durch ein Erdbeben zu sichern, dachten sich die Architekten etwas Geniales aus: Sie setzten Säulen auf mit Steinen und Mörtel gefüllte Brunnen, die bis unter die Grundwasserlinie reichen. Die Säulen verbanden sie mit einem Gewölbe aus Stein und darauf kam die Bodenplatte des Taj Mahals.

Im Islam sind Darstellungen von Menschen und Tieren verboten. Deshalb findest du im Taj Mahal die für die islamische Kunst typischen und wunderschönen Verzierungen aus Linien und Pflanzen sowie Schriftzeichen. Die Rillen der in den Stein geschlagenen Muster sind entweder mit Farbe oder mit Edelsteinen ausgefüllt.

Du kannst es mit dem Auge kaum erkennen: Die vier Minarette (Türme für den Gebetsrufer in einer Moschee) sind leicht nach außen geneigt. Sollte doch einmal ein heftiges Erdbeben die Türme zum Einsturz bringen, dann würden sie nicht auf den schönen Gebäudeteil in ihrer Mitte fallen.

Auch Shah Jahan ließ sich im Taj Mahal beerdigen. Die echten Särge des verliebten Ehepaares stehen in einer Kammer unter dem Hauptraum. Dort gilt »Zutritt verboten« für alle Besucher. Zur Bewunderung freigegeben sind »Scheinsarkophage« (also leere Kopien der echten Särge) im öffentlichen Raum des Grabmals.

Der Indische Elefant gehört zur Familie der Asiatischen Elefanten. Diese sind kleiner als ihre afrikanischen Verwandten und besitzen leicht ausgefranste Ohren. Der Indische Elefant wurde schon vor 2 000 Jahre v. Chr. als Arbeitstier eingesetzt. Auf der Baustelle des Taj Mahal halfen 1 000 Elefanten mit. Aber auch als Reittier dienten sie. Schön geschmückt trugen sie den Herrscher und seine Gäste durch die Straßen.

Hoch bis zu den Wolken – das Empire State Building in New York, USA

Ben und Mia sind jetzt ins Jahr 1931 gereist: Sie wollen sich das fast fertige Empire State Building an der Fifth Avenue im New Yorker Stadtteil Manhatten anschauen. Dieser Wolkenkratzer (engl. Skyscraper) ist aus vielen Gründen ein »Superbau«: Mit seinen 448,7 Metern blieb er bis 1972 das höchste Gebäude der Welt. Die Arbeiter waren so flink, dass sie früher als geplant fertig waren. Ein Wunder bei solch einer großen Baustelle! Und weniger Baukosten als erwartet standen am Ende auch noch auf der Rechnung! Allerdings dauerte es 20 Jahre, bis alle Büros darin Gewinn bringend vermietet waren.

William F. Lamb (1883–1952) war der hauptverantwortliche Architekt für den Bau im Büro Shreve, Lamb & Harmon. Er und seine Kollegen hatten noch nie so ein Gebäude geplant, geschweige denn errichtet. Doch es ist ihnen gelungen und der Wolkenkratzer wurde anfangs als achtes Weltwunder neben den sieben antiken gefeiert! Dafür, dass das Gebäude nach oben hin abgestuft ist, gibt es übrigens einen Grund: Per Gesetz durfte der fertig gebaute Wolkenkratzer keinem anderen Gebäude in New York die Sonne nehmen!

Da wird einem ja schon schwindelig, wenn man so etwas sieht! Aber den Mohawk-Indianern machte das nichts aus, sie waren nämlich zu 100 Prozent schwindelfrei! 3 500 Arbeiter verarbeiteten während der Bauzeit 60 000 Tonnen Stahl und 10 Millionen Steine. Sie verkleideten die Fassade mit Kalkstein und Granit und bauten 6 500 Fenster ein. Nicht nur das Baumaterial, sondern auch die Versorgungsküchen wurden mit Kränen von Stockwerk zu Stockwerk hochgezogen. Schließlich konnten die Arbeiter nicht jedes Mal, wenn sie Pause hatten, wieder zur Straße hinabsteigen. Viereinhalb Stockwerke wuchs der Wolkenkratzer jede Woche in die Höhe!

Lewis Hine war Fotograf und auch schwindelfrei! Sonst hätte er seine weltberühmten Fotos von den Arbeitern auf der Baustelle des Empire State Building nicht machen können. Natürlich durften die Mohawk-Indianer eigentlich nicht an einem Kranhaken durch die Luft fliegen oder auf einem frei schwebenden Stahlträger frühstücken! Die Aufseher achteten streng auf Sicherheit während der Arbeit. Doch für Lewis Hine und seinen Fotoapparat haben einige Arbeiter es getan und wir staunen heute noch darüber. Im Jahr 1933 wurde das Empire State Building übrigens sogar ein Filmstar: Es war ein Schauplatz im weltberühmten Kinofilm »King Kong«!

Das Empire State Building besitzt ein Stahlskelett, dessen Einzelteile mit »Heißnieten« verbunden wurden. In einem Kohlebecken wurden die Nieten erhitzt. Der Erhitzer holte jede einzelne mit einer Zange aus dem Feuer und schmiss sie einem Arbeiter zu, der sie mit einem Auffangbehälter fing. Etwa eine Million Nieten flogen so über die Baustelle. Der Fänger übergab sie dann dem Arbeiter mit dem Nietenhammer, der sie in das vorgesehen Loch im Stahlträger trieb. Beim Auskühlen zogen sich die Nieten zusammen und damit auch die Stahlträger.

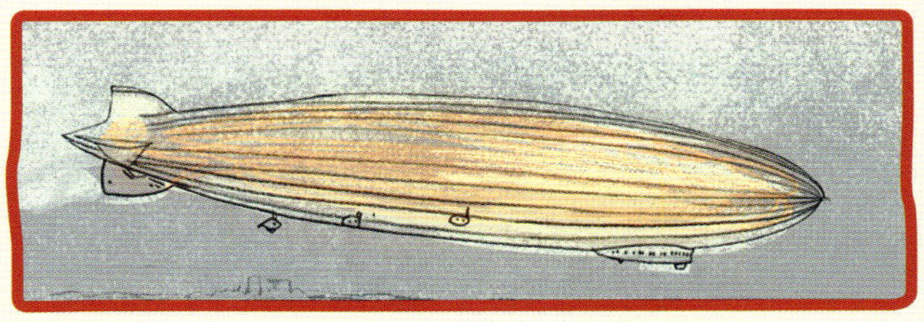

Eigentlich war die Spitze des Empire State Building unter anderem als Zeppelin-Anlegestelle gedacht. Der Wolkenkratzer schwankt selbst bei Windstärken von 177 Kilometer pro Stunde nur um 3,75 Zentimeter hin und her. Aber der Zeppelin hatte Probleme beim Festmachen. Also wurde die Spitze bis heute nur für Antennen von Radio- und Fernsehsendern genutzt. Das Wahrzeichen New Yorks wird an jedem Feiertag bunt angestrahlt. Und an jedem 14. Februar, dem Valentinstag, dürfen 14 Verliebte im 14. Stock heiraten.

Heilige Weisheit – die Hagia Sophia in Istanbul, Türkei

Konstantinopel war die Hauptstadt sowohl des Oströmischen Reiches als auch des mächtigen Osmanischen Reiches. Bereits Kaiser Konstantin der Große, der das Christentum im Römischen Reich zur Staatsreligion erhob, errichtete in der östlichen Hauptstadt des Reiches Konstantinopel eine Kirche mit Namen Hagia Sophia (Heilige Weisheit). Sie brannte ab und der oströmische Kaiser Justinian I. ließ an der Stelle im Jahr 532 eine neue Kirche errichten. Nachdem die Osmanen unter Sultan Mehmet II. Konstantinopel erobert hatten, wurde aus der Kirche eine Moschee und das bedeutendste islamische Heiligtum außer der Kaaba in Mekka. Folge Ben und Maria auf ihrem fliegenden Teppich in die heiligen Hallen!

Die Hagia Sophia galt wegen ihrer riesigen Kuppel als achtes antikes Weltwunder. Der Bau der Kuppel bereitete den Architekten anfangs große Schwierigkeiten. Immerhin misst sie 33 Meter im Durchmesser und ist 55 Meter hoch! 40 Fenster in ihrem unteren Rand lassen Tageslicht in das Gebäude hinein. Bis zur Eroberung der Stadt durch die Osmanen war die Kuppel außen vergoldet und leuchtete weit über die Dächer der Stadt.

Das Bauvorhaben war eine große Herausforderung, denn die Kirche musste erdbebensicher werden. Deshalb war es wohl sehr klug vom Kaiser Justitian (oben rechts), dass er als Architekten den Gelehrten Anthemios von Tralleis und den Mathematiker und Physiker Isidor von Milet (oben links) beauftragte. Sie ließen unter anderem einen speziellen Zement herstellen und beschlossen, dass Stützpfeiler das Gewicht der Gewölbe abfangen und kräftige Strebepfeiler das Gewicht der Kuppel tragen sollten.

Das Omphalion (Nabel der Welt) sollte daran erinnern, dass sich hier in der Hagia Sophia der Mittelpunkt des Oströmischen Reiches befand. Anschließend wurde die Kirche heiliger Mittelpunkt des Osmanischen Reiches. Sie hat viel erlebt und mit ihr die Stadt, in der sie steht: Mächtige Kaiser und Sultane, die über große Reiche herrschten und die Welt veränderten, religiöse Kriege führten und Frieden schufen.

Sultan Mehmet II. eroberte die Stadt Konstantinopel 1453 und machte die Hagia Sophia zur wichtigsten Moschee in seinem neuen Reich. Er ließ das erste von vier Minaretten errichten, die restlichen christlichen Bilder und Mosaike überputzen und das Heiligtum mit islamischen Blumen- und Rankenmustern schmücken.

Im Inneren schmückten prächtige Malereien und Mosaikbilder aus kostbaren Steinen die Wände, Decken und Fußböden der Kirche. Aber schon während des sogenannten Bilderstreits im 8. und 9. Jahrhundert im Byzantinischen Reich, bei dem Kirche und Kaiser um ein Verbot von Abbildungen der Heiligen und Gottes stritten, wurden die meisten Malereien und Mosaiken übertüncht oder gar zerstört. Im Jahr 1934 ernannte der erste Präsident der Türkei Mustafa Kemal Atatürk die Moschee Hagia Sophia zum »Hagia-Sophia-Moschee-Museum«, in dem die ganze Geschichte des berühmten Bauwerks gezeigt wird. Auch einige christliche Malereien wurden dafür wieder freigelegt, wie zum Beispiel die geflügelten Engel.

Wie im Märchen – Schloss Neuschwanstein in Hohenschwangau, Deutschland

Steig mit Ben und Mia in die goldene Kutsche! Die Fahrt geht zu einem berühmten Schloss des bayerischen Königs Ludwig II., vom Volk bis heute liebevoll »Kini« genannt. Mit seinen Schlössern wollte sich Ludwig II. eine Welt erschaffen, die wenig mit der echten zu tun hatte. Schloss Neuschwanstein erlangte weltweit den Ruf des »perfekten Märchenschlosses«. Der König selbst bewohnte es nur ganze 172 Tage. Schon fünf Wochen nach seinem Tod wurde es für Besucher geöffnet und zu einer berühmten Sehenswürdigkeit.

Im Jahr 1866 hatte Bayern einen Krieg gegen Preußen verloren. Im Land herrschte große Not und der König hatte gegenüber den anderen deutschen Herrschern viel Macht verloren. Mit dem Bau des Schlosses und der Gartenanlage wollte Ludwig II. für Arbeitsplätze sorgen. Und er wollte mit der neuen Traumwelt sich selbst über seinen Machtverlust hinwegtrösten.

Ludwig II. verehrte den Komponisten Richard Wagner sehr, aber es war eine schwierige Freundschaft mit viel Streit. Wagners Opern wurden zu einer echten Welt für den König. Überall im Schloss findest du die Sagen, um die es in Wagners Opern geht, als Gemälde wieder.

Das passte zur königlichen Traumwelt: Ein Theatermaler entwirft ein Schloss, das tatsächlich gebaut wird und als »perfektes Märchenschloss« nach dem Vorbild der deutschen Ritterburgen in die Geschichte eingeht. Natürlich waren noch mehr Menschen an der Verwirklichung des Bauwerks beteiligt, unter anderem die königlichen Baudirektoren Leopold Riedel und Georg von Dollmann sowie der Architekt Julius Hofmann.

Modernste Technik wurde eingesetzt: Ein Dampfmaschinenkran zog die ungeheuren Mengen Baumaterial hoch auf die schwierige Baustelle. Schließlich wurde das Schloss auf einem Felsen errichtet, damit es hoch über dem Land thronte. Aus ganz Bayern kamen der Sandstein, der Marmor, die Steinkohle und das Holz für das Baugerüst. Das war gut für die Wirtschaft! Der König ließ Aufzüge, Toiletten mit automatischer Spülung, eine Warmluftheizung und sogar Telefonanschlüsse einbauen und im ganzen Schloss gab es fließendes Wasser – echte Neuheiten in der damaligen Zeit und ganz und gar nicht typisch für eine Ritterburg!

Im Gegensatz zu den modernen Einrichtungen im Schloss standen die prunkvoll gestalteten Märchenzimmer: der Thronsaal, die Grotte, der Sängersaal und das königliche Schlafzimmer. Unechte Säulen, kostbare Wandgemälde, vorgetäuschte unverglaste Fenster wie im Mittelalter sowie Mosaikfußböden verschlangen Unsummen von Geld und ruinierten den König. Der Bau begann im Jahr 1869. Erst 15 Jahre später konnte Ludwig II. einziehen. Als er im Jahr 1886 im Starnberger See ertrank, war das Schloss immer noch eine Baustelle und blieb es auch.

Buddhas Tempel - der Tempel Tōdai-ji in Nara, Japan

Der größte Holzbau der Welt – die Haupthalle des Tōdai-ji-Tempels in Japan – ist 57 Meter breit, 50 Meter tief und fast 49 Meter hoch. Den Japanern sind beim Bau ihrer Gebäude folgende Dinge sehr wichtig: die Gebäude sind auf Pfeiler gestellt, meistens aus Holz und statt fester Wände gibt es verschiebbare Wandöffnungen. So viel natürliches Licht wie möglich soll durch große Fenster in die Räume fallen und die Natur hineinlassen.

Der heilige Arhat Pindola war in einem früheren Leben angeblich ein reicher, aber sehr böser Edelmann gewesen, der einige Zeit im Fegefeuer schmoren musste und nur Steine essen durfte. In seinem letzten Leben wurde er schließlich ein Schüler Buddhas und lebte lange Zeit im Wald. Eines Tages ritt Arhat Pindola auf einem Hirsch in den Palast und überzeugte den König, abzudanken und ihm zu folgen. Viele Nachkommen seines Reittieres tummeln sich heute im Park des Tempels und warten sehnsüchtig auf Besucher mit Keksen.

Kaiser Shōmu (701–756), der eigentlich Prinz Obito hieß, wollte, dass alle Menschen in Japan an Buddha glaubten. Also ließ er im Jahr 745 in der Stadt Nara als religiösen Mittelpunkt des Landes den Tempel Tōdai-ji erbauen. Leider wurde der Tempel im Laufe der Zeit zweimal durch Feuer zerstört, doch man baute ihn immer wieder neu. Das Tempelgebäude, das Ben und Mia besuchen, stammt aus dem Jahr 1708. Shōmu war der erste japanische Tennō (Kaiser), der eine Frau – seine Tochter Kōken – zur Thronerbin erklärte.

An der Erschaffung dieser Riesenstatue des Buddhas waren 50 000 Zimmerleute und 37 000 Metallschmiede beteiligt! Aus dem ganzen Land reisten die Handwerker an, um ein gewaltiges Holzgerüst zu errichten und 450 Tonnen Bronze zu verarbeiten. Als im Jahr 749 in Japan Gold entdeckt wurde, freute sich der Kaiser und ließ die gewaltige Bronzestatue damit überziehen. Neben dem Buddha sitzt sein Schutzgott Hachiman.

Solchen Wächterfiguren begegnest du als Erstes, wenn du einen japanischen Tempel besichtigen möchtest. Zwei davon bewachen das Eingangstor der Tempelanlage in Nara. Eine Wächterfigur macht stets ein grimmiges Gesicht mit zusammengepressten Lippen, die andere reißt ihren Mund auf, als wolle sie dir etwas zurufen. Die Wächter sind immer starke Burschen, denn sie sollen nicht nur böse Besucher, sondern auch gefährliche Dämonen abwehren.

Um das Gewicht des Daches besser abzufangen, wurden auf den Stützpfeilern mehrere Kapitell übereinandergesetzt. Typisch für die japanische Architektur ist diese Dachform, das sogenannte Walmdach. Die aufgeschraubten oder gar nur aufgelegten Querbalken zwischen den Säulen sind mit Abstandshaltern versehen.

Lösung: 18 Shika-Hirsche begrüßen die Besucher.

Musik am Meer - das Opernhaus in Sydney, Australien

Das berühmte Opernhaus steht auf der Halbinsel Bennelong Point im Hafen der australischen Stadt Sydney. Es begrüßt wie ein wunderschöner Leuchtturm die Schiffe, die aus allen Ländern der Welt herangeschwommen kommen. Die »Auster« ist nicht nur ein Gebäude für die Musik, sondern ein Kunstwerk! Nach seiner Fertigstellung wurde es zum Zeichen für die Architektur der Zukunft.

Der irische Ingenieur Peter Rice war für die Umsetzung des verrückten Plans von Architekt Utzon verantwortlich. Natürlich verwendete er dafür spezielle Computerprogramme, denn die Berechnung der segelähnlichen Schalen war schwierig. Außerdem mussten die einzelnen Teile woanders angefertigt und dann auf die Baustelle transportiert werden. Das Opernhaus war zum Schluss 15-mal teurer als geplant. An der Ausstattung der Innenräume wurde dafür gespart. Jeder Besucher ist enttäuscht. Du findest innen unter anderem den Konzertsaal, mehrere Theater und Restaurants, ein Kino, Probestudios, Umkleideräume und einige kleine Läden.

Der Däne Jørn Oberg Utzon (1918–2008) gewann den Wettbewerb für den Bau des Opernhauses in Sydney. Aus diesem Grund gehört das Gebäude nicht nur zum Kulturerbe der Australier, sondern seit 2006 auch zu dem der Dänen. Leider war der Bau des Opernhauses recht schwierig und die Arbeiten daran dauerten für ein modernes Gebäude außergewöhnlich lange: von 1959 bis 1973! Als 1966 die australische Regierung wechselte, wurden neue Architekten mit dem Bau beauftragt, denn die Kosten waren inzwischen unermesslich hoch geworden. Utzon verließ wütend Sydney und kehrte nie wieder zurück! Aber heute leitet sein Sohn die Renovierung des Opernhauses.

Keinen Plan mit genauen Maßen und vielen Erklärungen reichte Utzon bei dem Wettbewerb ein, sondern nur diese Skizze. Die Leute, die den besten Plan für das Opernhaus auswählen sollten, waren begeistert: Dieses Gebäude passte perfekt in die Landschaft von Sydney! Ob und wo es darin Garderoben, Wasserleitungen und Toiletten geben sollte, interessierte damals niemanden.

Die Form, die sich Utzon ausgedacht hatte, war sicherlich schön, aber jeder fragte sich: Wie sollte man denn so etwas bauen? Die Köpfe des Architekten und des Ingenieurs rauchten. Schließlich entschieden sie sich, so zu tun, als würden sie eine Kugel in viele Schalen zerteilen. Die Dachschalen sind über Stahlrippen gespannt. Von weitem sehen die Segel-Dächer des Opernhauses aus, als wären sie weiß angestrichen. Wenn du genau hinsiehst, erkennst du, dass die weiße Fläche aus vielen Fliesen besteht. Genauer gesagt aus 1,1 Millionen weißen Keramikfliesen, die alle in Schweden hergestellt wurden.

Im Meer vor der Küste von Sydney tummeln sich viele Tiere, die Ben und Mia sehr spannend finden: Wale, Delphine, Pelikane und sogar Pinguine! In der Stadt lebt ein Zwergpinguin mit seiner Frau. Beide werden von den Bewohnern der Stadt gut behütet, denn sie sind die letzten Stadtpinguine auf der ganzen Welt!

PYRAMIDEN VON GIZEH
zwischen
ca. 2540–2532 v. Chr.

KOLOSSEUM
80 n. Chr.

HAGIA SOPHIA
Baubeginn 532,
Einweihung 537

TŌDAI-JI
745

TOWER OF LONDON
Baubeginn 1067,
Ausmaße einer
Ringburg ca. 1420

VERBOTENE STADT
Bauzeit 1404–1420,
danach noch
Erweiterungen

TAJ MAHAL
1648

SCHLOSS NEUSCHWANSTEIN
1886

EIFFELTURM
1889

EMPIRE STATE BUILDING
1931

METRO
Eröffnung 1935,
Station Majakowskaja 1938

OPERNHAUS IN SYDNEY
1973

Glossar

FESTUNG – eine große Burg, die mit Erdwällen, Wassergräben und mehreren Steinmauern gegen den Angriff mit Feuerwaffen gesichert ist.

KATHEDRALE – die Hauptkirche im Herrschaftsgebiet eines katholischen Bischofs; in Deutschland und Italien auch Dom genannt.

MOGULREICH – das Reich muslimischer Herrscher in Indien.

MOSAIK – ein Bild an einer Wand oder auf einem Fußboden, das aus vielen kleinen farbigen Steinen, oft vermischt mit bunten Glaswürfeln, zusammengesetzt ist.

N. CHR. / V. CHR.: Unsere Zeitrechnung beginnt mit der Geburt Christi, die mit dem Jahr »0« festgelegt ist. Alles, was danach passiert ist, wird vorwärts gezählt, alles, was davor passiert ist, rückwärts.

OSMANISCHES REICH – das Herrschaftsgebiet der Türken, das im 13. Jahrhundert unter Sultan Osman I. begründet wurde und bis 1922 andauerte.

OSTRÖMISCHES REICH – das Herrschaftsgebiet der Römer im Osten und nach der Teilung des Römischen Reiches im Jahr 395 ein eigenständiges Reich mit der Hauptstadt Konstantinopel (heute Istanbul). Da die Stadt vor ihrer Umbenennung durch den römischen Kaiser Konstantin I. »Byzanz« hieß, wird das Oströmische Reich auch oft »Byzantinisches Reich« genannt.

RELIEF – ein Kunstwerk, bei dem Figuren und das weitere Dargestellte aus einem festen Material (Stein, Gips) »gehauen« ist. Die Figuren stehen aber nicht frei im Raum wie Statuen. Sie sind mit der Fläche und dem Bild, zu dem sie gehören, verbunden.

RÖMISCHES REICH – das Herrschaftsgebiet der Römer, das auf dem Höhepunkt seiner Größe alle Länder des Mittelmeergebiets sowie Teile Englands und Deutschlands umfasste, an der Donau entlang bis einschließlich Rumänien und weiter im Osten bis zum Persischen Golf und dem Kaspischen Meer reichte.

TUFF – erkaltete und verhärtete Masse, die von einem Vulkan ausgeworfen wurde.

Wir haben uns in allen Bildern versteckt!

München · London · New York
in der Verlagsgruppe Random House GmbH
Neumarkter Straße 28 · 81673 München

Gefördert von der Stiftung Kulturwerk der VG BILD-KUNST, Bonn.

Projektleitung: Doris Kutschbach
Lektorat: Doris Kutschbach und Melanie Schöni
Covergestaltung: Florian Frohnholzer, SOFAROBOTNIK
Satz und Layout: Meike Sellier, Eching
Herstellung: Astrid Wedemeyer
Lithografie: Reproline mediateam
Druck und Bindung: Tien Wah
Papier: Lumi Silk matt artpaper

MIX Papier aus verantwortungsvollen Quellen FSC® C012700

Verlagsgruppe Random House FSC® N001967

Printed in Malaysia

ISBN 978-3-7913-7300-3
www.prestel-junior.de

REISEROUTE

2 Paris, Frankreich
3 Moskau, Russland
1 London, England
12 Sydney, Australien
8
11 Nara, Japan
10 Hohenschwangau, Deutschland
9 Istanbul, Türkei